TÜRK TEKERLEMELERİNDEN SEÇMELER

Hazırlayan
Mehmet Demirkaya

Bandrol uygulamasına ilişkin usul ve esaslar hakkındaki yönetmeliğin 5. maddesinin 2. fıkrası çerçevesinde bandrol taşıması zorunlu değildir.

SİS YAYINCILIK

SİS YAYINCILIK - 98

TÜRK TEKERLEMELERİNDEN SEÇMELER

Yayıncı ve Genel Yayın Yönetmeni: Zana HOCAOĞLU
Yayın Koordinatörü: Mehmet DEMİRKAYA
Redaksiyon: Mübeccel KARABAT
Tasarım: Özgür YURTTAŞ

Baskı: Barış Matbaası
Davutpaşa Cad. Güven San. Sit. C Blok No: 291
Topkapı - İSTANBUL
Tel: (0212) 674 85 28 - Faks: (0212) 674 85 29

Sertifika No: 12431
ISBN 978-975-6938-97-3

1. Baskı: Şubat 2010

SİS YAYINCILIK

Merkez: İSTOÇ 35. Ada No:29
Mahmutbey - İstanbul
Şube: Yerebatan Cd. Salkımsöğüt Sk.
Keskinler İş Merkezi
No:8/304 Cağaloğlu/İstanbul
Tel: (212) 511 95 69 - 70
Fax: (212) 511 95 97

www.sisyayincilik.com
e-mail: info@sisyayincilik.com

TÜRK TEKERLEMELERİNDEN SEÇMELER

Hazırlayan
Mehmet Demirkaya

SİS YAYINCILIK

TÜRK TEKERLEMELERİNDEN SEÇMELER

Hazırlayan
Mehmet Demirkaya

TEKİR

Bir iki tombul tekir
Camdan bakar
Başına takar
Hop hop, altın top

MISTIK

Mustafa, Mıstık,
Arabaya kıstık,
Üç mum yaktık,
Seyrine baktık.

YAĞMUR

Yağ yağ yağmur,
Teknede hamur,
Bahçede çamur,
Ver Allah'ım ver,
Sicim gibi yağmur.

KARGA

Karga karga "gak" dedi,
"Çık şu dala bak" dedi,
Karga seni tutarım,
Kanadını yolarım.

PORTAKAL

Portakalı soydum,
Baş ucuma koydum.
Ben bir yalan uydurdum,
Duma duma dum.
Duma duma dum.
Öğretmeni kandırdım,
Kandırdım.

OYUN

Oooo.....
İğne battı,
Canımı yaktı,
Tombul kuş arabaya koş.
Arabanın tekeri,
İstanbul'un şekeri.
Hop hop altın top,
Bundan başka oyun yok.

LEYLEK

Leylek leylek havada,
Yumurtası tavada,
Gel bizim hayata,
Hayat kapısı kitli,
Leyleğin başı bitli.

HANIM KIZI

Çan çan çikolata,
Hani bize limonata?
Limonata bitti,
Hanım kızı gitti.
Nereye gitti?
İstanbul'a gitti.
İstanbul'da ne yapacak?
Terlik pabuç alacak.
Terliği pabucu ne yapacak?
Düğünlerde,
Şıngır mıngır oynayacak.

KUZU

Kuzu kuzu me
Bin tepeme
Haydi gidelim
Ayşe teyzeme.

KEÇİLER

Ayşe Hanım'ın keçileri,
Hop hop hopluyor,
Arpa, saman istiyor,
Arpa, saman yok,
Kilimcide çok.
Kilimci kilim dokur,
İçinde bülbül okur.
İki kardeşim olsa,
Biri ay, biri yıldız,
Biri oğlan, biri kız,
Hop çikolata çikolata,
Akşam yedim salata,
Seni gidi kerata.

SINIFLAR

Mini mini birler,
Çalışkandır ikiler,
Mavi gözlü üçler,
Dayak yiyen dörtler,
Misafirdir beşler,
Altılar, altınımı çaldılar,
Yediler, yemeğimi yediler,
Sekizler, semizdirler,
Dokuzlar, doktor oldu,
Onlar bizi okuttu.

EBE

Ebe ebe gel bize
Uzaktan vur elimize
Eğer vuramazsan
Ebesin ebe
Bir, iki, üç, dört, beş, altı, yedi,
Bunu sana kim dedi?
Diyen dedi on yedi
Yağlı böreği kim yedi?

TAVUK

Pazara gidelim,
Bir tavuk alalım,
Pazara gidip,
Bir tavuk alıp ne yapalım?
Gıt gıdak diyelim.
Happur huppur,
Happur, huppur yiyelim.

TOP

Bir iki üç
Söylemesi güç
Sana verdim bir elma
Adını koydum Fatma
Hop hop hop
Bir büyük altın top

DEDE

Altı kere altı otuz altı
Dedemin sakalı yolda kaldı
Sakalını aldı dereye attı
Dedem sakalsız kaldı

EV

Evli evine
Köylü köyüne
Evi olmayan
Sıçan deliğine

İĞNE

Ooooo
İğne iplik
Derme diplik
Çelik çubuk
Sen çık.

NACAK

Nacak sapına
İki kes
Bir sana
Biri de bana

HEDİYE

Kızın adı Hediye
Ekmek vermez kediye
Kedi gider kadıya
Kadının kapısı kitli
Hediyenin başı bitli

EL EL EPENEK

El el epenek
Elden düşen kepenek
Kepeneğin yarısı
Keloğlan'ın karısı

KARNIM AÇ

Karnım aç
Karnına kapak aç
Değirmene kaç
Değirmenin kapısı kitli
Hey başı bitli

DEĞİRMEN

Değirmene girdi köpek
Değirmenci vurdu kötek
Geldi yedi köpek
Hem kötek
Hem yedi köpek

ALİ DAYI

Ali dayının keçileri
Kıyır kıyır kişniyor
Arpa saman istiyor
Arpa saman yok
Kilimcide çok
Kilimci kilim dokur

ÇARŞI

Çarşıya gittim
Eve geldim hanım yok
Bebek ağlar beşik yok
Çorba taşar kaşık yok
Ali baba öldü tabut yok

HAKKI

Hakkı Hakkı'nın hakkını yemiş.
Hakkı Hakkı'dan hakkını istemiş.
Hakkı Hakkı'ya hakkını vermeyince
Hakkı da Hakkı'nın hakkından gelmiş.

HASAN

Hasan Hasan
Helvaya basan
Kapıyı kıran
Kızı kaçıran

KÜÇÜK DOSTUM

Küçük dostum gelsene
Ellerini versene
Ellerimizle şap şap
Ayaklarımızla rap rap
Bir şöyle, bir böyle
Dans edelim seninle.

ELLERİM PARMAKLARIM

Sağ elimde beş parmak,
Sol elimde beş parmak
Say bak, say bak, say bak.
Hepsi eder on parmak.
Sen de istersen saymak
Say bak, say bak, say bak.
Hepsi eder on parmak.

ALİ

Ali baksa dum dum
Sakalına kondum
Beş para buldum
Cebime koydum

KUZU

Kuzu kuzu mee
Bin tepeme
Haydi gidelim
Hacı dedeme
Hacı dedem hasta
Mendili bohça
Kendisi hoca

KOMŞU, KOMŞU

– Komşu, komşu!
– Hu, hu!
– Oğlun geldi mi?
– Geldi.
– Ne getirdi?
– İnci, boncuk.
– Kime, kime?
– Sana, bana.
– Başka kime?
– Kara kediye.
– Kara kedi nerede?
– Ağaca çıktı.
– Ağaç nerede?
– Balta kesti.
– Balta nerede?
– Suya düştü.
– Su nerede?
– İnek içti.
– İnek nerede?
– Dağa kaçtı.
– Dağ nerede?
– Yandı, bitti kül oldu.

TAVŞAN

Kapıdan tavşan geçti mi?
Geçti.
Tuttun mu?
Tuttum.
Kestin mi?
Kestim.
Tuzladım mı?
Tuzladım.
Pişirdin mi?
Pişirdim.
Bana ayırdın mı?
Ayırdım.
Hangi dolaba koydun?
Çık çık dolaba koydum.
Haydi, al getir.
Getiremem.
Neden getiremezsin?
Kara kediler yemiş.
Vay vay, miyav.

NEREDEN GELİRSİN?

Nereden gelirsin?
Zikzak kalesinden.
Ne gezersin?
Açlık belasından.
Nerde yattın?
Beyin konağında.
Altına ne serdiler?
Perde.
Desene kupkuru yerde.
Bıyıkların neden yağ oldu?
Bıldırcın eti yedim.
Bıldırcın yağlı mıydı?
Gökte uçarken gördüm.
Saçların neden ağardı?
Değirmenden geldim.
Değirmen dönüyor mu?
Zımbırtısını duydum.
Ayakların neden ıslandı?
Çaydan geçtim.
Çay derin miydi?
Köprüyü dolaştım,
İşte geldim sana ulaştım.

CAM

Bir cam
İki cam
Üç cam
Dört cam
Beş cam
Altı cam
Yedi cam
Sekiz cam
Dokuz cam
On cam
Bu da benim amcam.

EBE

Ebe ebe nerede
Su doldurur derede
Dere boyu çalılık
Derede olur balık
Şu ebe de ne alık
Oltamı attım,
Balığı tuttum.
Balık suya dalamaz,
Ebe beni bulamaz.
Bir, iki, üç, dört, beş, altı, yedi
Bunu kim dedi,
Diyen dedi on yedi,
Yağlı böreği kim yedi?

ELLERİM

Ellerim tombik tombik,
Kirlenince çok komik
Kirli eller sevilmez
Güzelliği görülmez
Dişlerim bakım ister
Hele saçlar, hele saçlar
Uzayınca tırnaklar
Kirlenince kulaklar
Bize pis derler, pis derler

KİRAZ

Allı ballı kiraz,
Bana gel biraz.
Kiraz vakti geçti.
Eşim seni seçti.
Oyunun başı
Şu çeşmeden su taşı.
Çeşmenin suyu acı,
Kovanın dibi delik
Bana geldi ebelik.

EBE EBE NEREDE

Ebe ebe nerede
Su doldurur derede
Dere boyu çalılık
Şu ebe de ne alık
Ebe suya dalamaz
Arasa da bulamaz
Ene nene bulamaz
Ben sana küstüm
Armudu kestim
Tavana astım
Tap dedi düştü
Ali baksa dum dum
Sakalına kondum
Beş para buldum
Çarşıya gittim

YILAN

Dama çıktım,
Çalı kestim.
Bir alaca yılan gördüm.
Yılan bizim nemiz olur?
Sokaklar da temiz olur.
Al çık,
Balçık,
Sana dedim:
"Sen çık."

İNCİLERİM DÖKÜLDÜ

İncilerim döküldü,
Toplayamadım.
Küçük hanım geldi,
Saklayamadım.
Ikırcık mıkırcık,
Kız saçların kıvırcık,
Sana dedim "Sen çık."

DELMİŞLER, DAKMIŞLAR

Delmişler, dakmışlar
Bunu böyle yapmışlar
Delmiyelerdi, dakmıyalardı
Bunu böyle yapmıyalardı
Bir ikidir bir iki
Beş altıdır, beş altı
İnanmazsan say da bak
On altı, on altı

BİSİKLETE BİNDİM

Bisiklete bindim.
Karıncayı ezdim.
Afedersin karınca,
Ben seni maymun suratlı sandım.

FİNO FİNO

Fino, fino, gel fino
Gezda kon, cefi koni
Candan puli tadası
Mıslı haci turası
Hahalama, hatalama
Kata kata köftesi
Güneliye tarlası
Çıban okumağı
Temre okumağı
Akşam ektum tarla
Temre kül tohumu
Sabahtan kalktum
Baktum
Ne tarla, ne temre
Ne kül, ne tohum.

HACI BABA DUM DUM

Tim tim tim!
Hacı Baba dum dum.
Sakalına kondum.
Yüz para buldum.
Beş kere döndüm.
Pazara gittim pazar yok.
Eve geldim annem yok.
Çocuk ağlar beşik yok.
Çorba pişmiş kaşık yok.
Konuk kaldı döşek yok.
İn min, ucu din.
Fir fir atan, sinek satan,
Tan tun fin!

TINGIR ELEK

Tıngır elek tıngır saç, elim hamur garnım aç.
Kestel dağı arpalık eğer saban yürürse
Her haneye bir tavuk eğer köylü verirse.
Her haneye bir değirmen eğer suyu gelirse.
Bu gidiş iyi gidiş eğer sonu gelirse.

For foradan sür süreden
Manisa'dan Tire'den
Yenice geçtim buradan

Konaraktan göçerekten
Lale sümbül biçerekten
Kahve süt içerekten
Sulu yerde peynir ekmek
Susuz yerde kavun karpuz
Yiyerekten

Az gittim uz gittim
Dere tepe düz gittim
Altı ay bir güz gittim
Bir de arkama döndüm baktım
Bir arpa boyu yol gittim.

İNCE MEMED

Bademye'de bir incecik kış oldu
Duyan duydu duymayana düş oldu
İnce Memed efelere baş oldu
Akan çayla kan göründü gözüme
Nazlı yârim sürme çekmiş gözüne
İnce Memed efem
Martin takmış koluna
Selam verir sağına soluna
Nasıl kıymış bu efem yârinin canına
Aman beyler yoldan geldim yorgunum
Yorgun değil, bir güzele vurgunum

KUYU BAŞINDA TESTİ

Kuyu başında testi
Kemer belimi kesti
Gurbetteki hoş seslim
Şimdi aklımdan geçti

Kuyu başında bakır
Fatmam gözleri çakır
Fatmama hasta diyorlar
Oynuyor şakır şakır

Aman da Fatmam
Canım gülüm Fatmam
Ben rakıya su katmam
Sen katar isen ben içmem
Ben Fatmamdan vazgeçmem

SOĞAN SARIMSAK

Soğan sarımsak
Otur kalk
Ocağını yak
Keyfine bak
Acar macar
Dolapları açar
Annesi gelince
Fırt diye kaçar.

KAYIKÇI

Aman kayıkçı
Çabuk çabuk kayıkçı
Evde benim etim var
Bir yaramaz kedim var
Kedim eti yerse
Annem beni döverse
Vay başıma gelenler

UZUN URGAN

Uzun urgan
Leblebi sultan
Ne yersin?
Yemiş.
Ne içersin?
Süt.
Ne dökersin?
Burma.
Verdiğim süt piştimi?
Pişti.
Gelin hanım içtimi?
İçti.
Kaç kaşık içti?
Üç.
Akşam aldu oyun bitti
Herkes evine gitti

İĞNEM DÜŞTÜ YAKAMDAN

İğnem düştü yakamdan
Kral geliyor arkamdan
Gelme kral gelme
Annem bakıyor balkondan.

İĞNE MİĞNE

İğne miğne ucu düğme
Fil filince, kuş dilince
Horoz öttü, tavuk tepti
Bülbül kıza selam etti
Selamına dua etti
Al çık bal çık
Sana dedim sen çık.

KEMAL PAŞA

Çıktım erik dalına
Baktım tren yoluna
Üç gemi geliyor
Biri ağa
Biri paşa
Ortancası Kemal Paşa

LİLİ KIZ

Ooo, Lili kız.
Lili, lili, lili kız.
Papatya dili kız.
Senin saçın kaç türlü kız.

ARABANIN TEKERİ

İstanbul'un şekeri
Arabanın tekeri
Tekerek mekerek
Eve geldim sekerek
Ninem lokma pişirmiş
Sayısını şaşırmış
Üçe beş dedi
Kuruya yaş dedi
Kara kedi, beyaz kedi
Lokmaları bir yedi
Şaştım koştum
Eşekten düştüm
Hamdım piştim

TEK TEKENE TEKENE

Tek tekene tekene
Düştüm demir dikene
Demir diken açıldı
Alaca boncuk saçıldı
Alaca boncuk has boncuk
İliğim düğmem kaytancık
Kaytancığı almalı
Aladağ'a sarmalı
Aladağ'ın armudu
Anan baban var mıydı
Anam babam olsaydı
Beni burada kor muydu

KEL KIZ

Ne olursa hepsi kız
Varmış bir kel kız
Alırmış eline top
Oynarmış hop hop
Sırma değilmiş saçı
Saçsızmış kel başı
Sana izin vereyim
Git başını kaşı
Kel kız geldi kapımıza
Pestil dolu küpümüze
Armağanlar hepimize
Kel kız kel kız
Hoş geldin, hoş geldin
Neden eli boş geldin
Bize arkadaş geldin
Hele dur şöyle bir
Ne var
Bir iş var
Avucunda yemiş var
O yemişi yemeli
Yine kel kız demeli

EL EL EPELEK

El el epelek
Elden çıkan topalak
Topalağın yarısı
Sarı kızın sarısı
Gittim ben sine sine
Vardım dağda bir ine
Ne amca ne dayı var
İçeride koca bir ayı var
Ayı beni korkuttu
Damdan dama sarkıttı

KEDİ

Anam yoğurdu getirdi
Kedi burnunu batırdı
Bu kediyi ne etmeli
Kaynar kazana atmalı
Kediciğe pek yazık
O yoğurdu dökmeli
Bir attım var tahta
Biz gidiyoruz bu hafta
Çokça yeriz yoğurdu
İneğimiz doğurdu
Görseniz bizim ineği
Üstüne kondurmaz sineği

İNCİ MİNCİ

İnci, minci.
Kim birinci?
Öğretmenin cici kızı birinci.
Çarşıdan aldım pirinci.

KARGA

Karga karga gak dedi
Çık şu dala bak dedi
Çıktım baktım o dala
Şu karga ne budala
Karga fındık getirdi
Fare yedi bitirdi
Onu tuttu bir kedi
Miyav dedi av dedi.

OYA

O... o... Oya.
Oya gitti maça.
Maç bileti kaça?

AYI

Ayı beni korkuttu
Kulağını sarkıttı
Elma verdim yemedi
Sakız verdim çiğnedi
Hap hup Kırmızı turp.

ON DEVE

On deve gördüm
Birisine bindim
Ablama gittim
Ablam pilav pişirmiş
İçine sıçan düşürmüş
Bu sıçanı ne etmeli
Minareden atmalı
Minarede bir kuş var
Kandında gümüş var
Eniştemin cebinde türlü türlü yemiş var

GEMİ

Beyaz gemi
Nerde dümeni
Martılar uçuyor
Verin şu yemi
Martı turp yermi?
Yemez yemez
Bu oyun sürmez

KADİFECİ

Kadifeci güzeli
Handadır handa
Tahta kale dibinde
Biz size geldik on günde
Geldinizse geldiniz
Bizleri memnun ettiniz
Kutu kutu içinde
Beğendiğinizi seçiniz.

LEYLEK

Leylek leylek lekirdek
Hani bana çekirdek
Çekirdeğin içi yok
Koca kızın saçı yok.

TİLKİ

Bir iki
Çayırdaki tilki
Vallahi yenge
Ben dökmedim
Horoz döktü
Horoza selam ver çık

ELMA DALI

Bindim elma dalına
Gittim Halep yoluna
On deve gördüm
Birisine bindim
Ablama gittim
Ablam pilav pişirmiş
İçine sıçan düşürmüş
Vallahi yemem billahi yemem
Bu dolaptan ne çıkar
Allı pullu kız çıkar

İNCİLERİM

İncilerim döküldü
Toplayamadım
Küçük hanım geldi
Saklayamadım
Kırcık, mıkırcık
Kız saçların kıvırcık.

ARABA

Otobüs, araba, tır
Durakta dur
Sıraya geç
Ayakta dur
Boşaldı yer
Haydi gel otur.

ENTERE MENTERE

Entere mentere
Buğday koydum kilere
Fare nasılsa girmiş
Yemiş yemiş bitirmiş
Kedi koşmuş ardından
Terlemiş sıkıntıdan
Of demiş puf demiş
Birden atlamış yemiş.

TAVŞAN

Tuttu beni akşam
Beyaz bir tavşan
Havuç verdim gitmedi
Turp verdim yemedi
Tavşan beni sevmedi
Hay koca kulak hay

ALİ BABA

Ali baba tin tin
Sakalına bindim
Çarşıya gittim
Elma aldım
Elma kurtlu
Üzüme verdim
Üzüm çöplü
Eve geldim
Keşkek pişmiş
Öküz ipe düşmüş.

ETEĞİ PİLE PİLE

Eteği var pile pile
Saçları var lüle lüle
Dersimizi yaptık bitti
Gidiyoruz güle güle

MAVİ BONCUK

Hık mık
Nerden geldin?
Oradan çık
Kız saçların kıvırcık
Mavi boncuk.

ELMA

Elmalar yedi buçuk
Yesinler çoluk çocuk
Karpuz kestim kan çıktı
(.............) oyundan çıktı.

TURİST

Denizde dalga
Hoş geldin abla
Eğeğini topla
Rahat otur abla
Etek buliz
İngiliz turist

FİL

Efendim de efendim,
Fındık fıstık vereyim.
Diller döktüm diller,
Kafese girmez filler.
İşte böyle çocuklar,
Deveden büyük fil var.

ÖRDEK

Dere tepe sekerek,
Vak vak gelir ördek.
Suya gider ıslanmaz,
Islansa da uslanmaz.
Bizim vak vak ördek,
Yüzer yelken kürek.

SALI

Salı sallanır gelir,
Dili ballanır gelir.
İstedi mi oyuncak,
Kuralım salıncak.
Allanır pullanır,
Bir güzel sallanır.

ŞEKER PERŞEMBE

Omzunda bir heybecik,
Yola düşer incecik.
Herkes onu pek sever,
Eşi dostu hep över.
İşite ufacık tefecik,
Şekerdir Perşembe.

NAR

Masal masal matlamış,
Narlar dalda çatlamış.
Çarşıdan aldım bir tane,
Eve geldim bin tane.
İçi mercan dolu nar,
Yemesem bana kızar.

KOYUN

Ot yemiş, etlenmiş,
Su içmiş, sütlenmiş.
Duvara bağlı koyun,
Eti, sütü yağlı koyun.
Kınalı koyun gitti,
Bizim oyun bitti.

ŞEFTALİ

Al yanak, tombul yanak,
Dal ucunda bir yumak.
Tadı şeker şeftalicik,
Ne olur ye bir tanecik.
İçi sulu, dışı tüylüdür,
Meyvelerin gülüdür.

MAYIS

Altın tas, gümüş tas,
Ayağını yere bas.
Yıldan yıla allanır,
Ağzı dili ballanır.
Allı pullu Mayıs,
Misler saçar mis mis.

DEĞİRMEN

Benim bir değirmenim var
İndirmeli bindirmeli
Pergele verip döndürmeli
İndiremezsen bindiremezsen
Pergele verip döndüremezsen
Ver ustasına indirsin bindirsin
Pergele verip döndürsün.

ARI

Dağdan gelir hop hop,
Ayağında altın top.
Vızır vızır vızıldar,
Petek petek bal yapar.
Arıcık toplar getirir,
Kendi yemez yedirir.

KIZ

Üşüdüm, üşüdüm
Soğuktan
Bir kız çıktı kağıttan
Kız bulgur kaynatır
Dedem sakalını oynatır

PİTİ PİTİ

Oooo piti piti
Kremanın sepeti
Terazi lastik jimnastik
Biz size geldik bitlendik
Hamama gittik temizlendik
Dik dik dik
Son dersimiz matematik.

KOMŞU

Komşu komşu huu...
Sırtındaki ne?
Arpa
Kaça sattın
Kırka
Eve ne aldın?
Hırka
Çocuğa ne aldın ?
Halka

HOROZ

Mesel mesel metten,
Top sakalı etten.
Bizim çil horozcuk,
Çocuk mu çocuk.
Her sabah çınlar sesi,
Uyandırır herkesi.

FINDIK

Tombul tombulcuk,
İçi katık, dışı kabuk.
Kilitli sandık açılsın,
Fındıklar saçılsın.
Hem besler, hem ısıtır,
Yiyelim çıtır çıtır.

BONCUK CUMA

Boncuk gibi gözleri var,
Baltan tatlı sözleri var.
Can Cuma, canım Cuma,
Sarılır hemen boynuma.
Nar tanesi, nur tanesi,
Günlerin bir tanesi.

AT

Akşam ver yemini,
Sabah gever gemini.
Hizmet için can atar,
Tozu dumana katar.
Kır atıma binerim,
Dere tepe giderim.

BALIK

Kanadı var, uçamaz;
Karada da kaçamaz.
Oynamaya can atar,
Suda çalım satar.
Ah balık, vah balık,
Kimi zaman da alık.

TEKİRİM TEKİR

Tekirim tekir
Doğuştan fakir
Karnı doyunca
Dünya vız gelir
Sabah kalkar
Yüzünü yıkar
Bu iş iş bitince
Bahçeye çıkar
Birkaç böcek yer
Keyfi gelince
Şarkı söyler.

AYVA

Sarı sarı sarkar,
Düşerim diye korkar.
Ne bakla, ne baklava;
Ayvadır canım ayva.
Hopla haydi hopla,
Daldan ayva topla.

HASTALIK

Ayla öyle ağlama.
İlaç al, ağrın geçsin.
Evde uslu oturursan.
Bu kışta üşütmezsin.

ÜZÜM

Eğri büğrü dalı var,
Şeker şerbet balı var.
Süzüm süzüm süzülüyor,
Ben yemesem üzülüyor.
Yüzü gözü altın üzüm,
Sevilmez mi iki gözüm.

KIRMIZI PAZARTESİ

Elinde gümüş tepsi,
Tez gelir pazartesi.
Yanakları kırmızı,
Günlerin yıldızı.
Pasta ver bir tepsi.
Yoksa atar tepesi.